Julia Daube

Rechtschreibung

– fit in 30 Minuten

Kids auf der Überholspur

Die Deutsche Bibliothek – CIP-Einheitsaufnahme

Ein Titeldatensatz für diese Publikation ist bei der Deutschen Bibliothek erhältlich.

Herausgeber: Das LernTeam, Marburg
Lektorat: Hille & Schäfer, Freiburg
Illustrationen, Titel und Layout: Ulf Marckwort, Kassel
Satz: Frank Werner, Kassel
Druck und Verarbeitung: Salzland Druck, Staßfurt

2. Auflage 2010

Hinweis:
Dieses Buch ist sorgfältig erarbeitet worden. Dennoch erfolgen alle Angaben ohne Gewähr. Weder Autor noch Verlag können für eventuelle Nachteile oder Schäden, die aus den im Buch gemachten Hinweisen resultieren, eine Haftung übernehmen

Printed in Germany

www.gabal-verlag.de

ISBN 978-3-89749-680-4

In 30 Minuten auf die Überholspur!

Dieses Buch ist so konzipiert worden, dass du in kurzer Zeit erfährst, wie du deine Rechtschreibung verbessern kannst.

- Jedes Kapitel beginnt mit drei zentralen Fragen, die im Verlauf des jeweiligen Kapitels beantwortet werden.
- Zwischendurch lassen dich kleine Aufgaben regelmäßig aktiv werden. So kannst du die Tipps immer wieder auf deine Situation beziehen.
- Nach jedem Kapitel werden die wichtigsten Inhalte noch einmal zusammengefasst.

Da dieses Buch so klar und deutlich strukturiert ist, kannst du es später immer wieder zur Hand nehmen, um schnell die für dich interessanten Teile zu wiederholen. Das Stichwortregister wird dir dabei eine zusätzliche Hilfe sein.

Inhalt

Hallo und herzlich willkommen!

Wenn die Deutschlehrerin „Rechtschreibung" als Thema der kommenden Woche ankündigt, stöhnt der größte Teil der Klasse. Aber auch bei vielen Erwachsenen hat die Rechtschreibung einen schlechten Ruf. Manche wissen nicht, wann man *s, ss* oder *ß* schreiben muss, andere beklagen sich über die Getrennt- und Zusammenschreibung. Aber:

Schtäl dir mal vohr

Die kultusministakonfärentz beschlist di regeln der rächtschreipunk wärden im nechsden jar apgeschaft unt jeder mänsch kan schraibn wi er wil. dain gedechnis könte kaine fesdschtenden wortbilda schpeichern und baim lesen abrufen. das wehre doch gans schöhn anschträngend.

Besser als ihr Ruf

Die Regeln der deutschen Rechtschreibung sind natürlich nicht immer leicht zu verstehen. Doch sie bilden auch kein undurchschaubares Chaos, das du nicht in den Griff bekommen kannst.

Die Schreibweise der meisten Wörter lässt sich aus den Regeln ableiten. Nur einen relativ kleinen Rest musst du lernen und in deinem Gedächtnis abspeichern. Das sind die so-genannten Lernwörter.

Dieses Buch wird dir helfen, dich im Dschungel der Regeln zu orientieren und deine Rechtschreibung durch konsequentes Üben Schritt für Schritt zu verbessern.

Zum Aufbau des Buches

- Mit Hilfe des Tests im ersten Kapitel kannst du herausfinden, in welchen Bereichen der Rechtschreibung du noch Lücken hast, die du gezielt schließen solltest.
- Im zweiten Kapitel erfährst du, worauf du beim Üben achten musst, um zu einem wahren Rechtschreibmeister zu werden. Außerdem lernst du, dich selbst zu kontrollieren.
- Das dritte Kapitel beinhaltet eine Vielzahl abwechslungsreicher Übungen. Hier erfährst du, was ein Dosendiktat ist und wie dir eine Wortfamilie in kniffligen Fällen helfen kann.
- Im vierten Kapitel kannst du dir einen schnellen Überblick über die wichtigsten Rechtschreib- und Zeichensetzungsregeln verschaffen.

Viel Spaß mit diesem Buch und viel Erfolg auf dem Weg zu einer meisterhaften Rechtschreibung wünscht dir

Julia Daube
(www.lernteam.de)

Wie alles begann

Kannst du dir vorstellen, dass die Menschen im 19. Jahrhundert alle Wörter schreiben konnten wie sie wollten? Damals gab es keine Regelung der Orthographie (griech.: „Richtige Schreibung") und damit auch keine Rechtschreibfehler. „Tolle Zeit!", denkst du jetzt sicher. Doch Vorsicht! Was zunächst verlockend klingt, hat andererseits aber auch Nachteile. Lesen lernen war viel schwieriger als heute. Das lag daran, dass es für ein Wort verschiedene Schreibweisen gab. Für das Wort „Haar" konnte man „Har" oder „Haar" schreiben. Das visuelle Gedächtnis, das sich Wortbilder merken kann, war für den Leser damals keine große Hilfe. Er musste jedes Wort neu erlesen. So wie du, wenn du auf ein dir unbekanntes Wort oder ein Fremdwort stößt.

1901 – die erste verbindliche Reform

Zwar gab es immer wieder Bestrebungen nach einer Vereinheitlichung der deutschen Rechtschreibung, beschlossen wurde sie allerdings erst auf der 2. Orthographischen Konferenz in Berlin im Jahre 1901. Neben Staatsmännern und einigen wenigen Fachleuten nahm auch Konrad Duden an der Konferenz teil. Bereits 1880 veröffentlichte Duden das „Vollständige Wörterbuch der deutschen Sprache". Knapp zwanzig Jahre später diente dieses Nachschlagewerk den Teilnehmern der Konferenz als Vorlage für die Festlegung von Rechtschreibregeln.

Mehr als 90 Jahre später

Obwohl Konrad Duden schon damals über die Weiterentwicklung der Rechtschreibregeln nachdachte, sollten noch einige Jahre vergehen, bis diese tatsächlich überarbeitet wurden. 1980 wurde der „Internationale Arbeitskreis für Orthographie" gegründet, der bald erste Entwürfe für eine Neuregelung der deutschen Rechtschreibung veröffentlichte. Diese Vorschläge wurden in den folgenden Jahren immer wieder diskutiert und überarbeitet und schließlich von der Kultusministerkonferenz am 1. Juli 1996 als die „Neue deutsche Rechtschreibung" verabschiedet. Sofort nach Bekanntwerden der Rechtschreibreform begann eine heftige Diskussion zwischen den Befürwortern auf der einen und den Kritikern auf der anderen Seite.

Und immer noch kein Ende in Sicht …

Etwa 77 % der Menschen in Deutschland lehnten die Rechtschreibreform auch Jahre später noch ab. Aus diesem Grund wurde im Dezember 2004 der „Rat für deutsche Rechtschreibung" einberufen, der die Aufgabe hatte, zunächst die umstrittenen Themen der Reform zu überarbeiten. Am 1. August 2006 ist die reformierte Rechtschreibreform in Kraft getreten. In der Übergangszeit bis zum 31. Juli 2007 werden alte Schreibweisen zwar angestrichen, aber noch nicht als Fehler gewertet.

1. Den Fehlern auf der Spur

Weißt du, in welchen Bereichen der Rechtschreibung du Lücken hast?

Weißt du, wie du aus deinen Fehlern lernen kannst?

Welchen Einfluss hat deine Konzentration auf deine Rechtschreibung?

„Fehler sind notwendige Zwischenstationen auf dem Weg zum Erfolg!“ G. Spitta

Was, Fehler sollen wichtig sein? Das fällt vielen Menschen schwer zu glauben. In der Schule zieht dir Herr Pingelig für jeden Fehler einen Punkt ab, und wenn du ein Diktat mit neun Fehlern nach Hause bringst, ist deine Mutter auch nicht gerade begeistert. Aber sicher hast du auch schon mal nach einer verpatzten Deutscharbeit von deinen Eltern oder Lehrern die tröstenden Worte gehört: „Aus Fehlern kann man lernen!“

Vielleicht kommt dir folgende Situation bekannt vor: Als David das Diktat der letzten Woche zurückbekommt, genügt ein rascher Blick ans untere Ende der Seite: Neun Fehler, Mist! Sofort schlägt er das Heft zu und lässt es enttäuscht in seinem Schulranzen verschwinden, ohne die falsch geschriebenen Wörter noch einmal näher betrachtet zu haben.

Aus deinen Fehlern kannst du aber nur lernen, wenn du bereit bist, sie gründlich zu untersuchen. Also, werde zu Detektiv Fehlerfuchs, und nimm jedes falsch geschriebene Wort genau unter die Lupe!

Teste dich!

Schau dir einmal dein letztes Diktat an. Wenn du das Heft nicht zu Hause hast, bitte deine Mutter oder einen Freund, dir einen kurzen Text zu diktieren. Untersuche anschließend deine Fehler!

Aufgabe

Entscheide für jedes einzelne falsch geschriebene Wort, welche der beiden Aussagen passt:

- Mist! Der Fehler war unnötig! Eigentlich weiß ich, wie das Wort richtig geschrieben wird!
- Falsch? Warum das denn? Ich habe wirklich keine Ahnung, wie das Wort richtig geschrieben wird!

Hast du dich häufiger für die erste Aussage entschieden? Dann kannst du dich wahrscheinlich nicht so gut konzentrieren. Was du dagegen tun kannst, erfährst du in dem Buch „Konzentration – fit in 30 Minuten“.
Unterlaufen dir hingegen viele Fehler, weil du wirklich nicht weißt, wie die Wörter richtig geschrieben werden? Dann ist es wichtig, dass du herausfindest, in welchen Bereichen der Rechtschreibung du noch Lücken hast. Und los geht's:

Schreiben wie man spricht?

Für alle Laute, die du sprichst, gibt es in der Schrift einen oder mehrere Buchstaben. Manche Laute hören sich gleich an, werden aber unterschiedlich geschrieben. Zum Beispiel kannst du für den *f*-Laut folgende Buchstaben schreiben: *V* (in Vogel) oder *F* (in Fahrrad).

Und nun entscheide dich!

1.	St__ngel	○ ä	○ e
2.	Ra__ete	○ ck	○ k
3.	T__ger	○ i	○ ie
4.	M__r	○ ee	○ e
5.	Tr__me	○ äu	○ eu
6.	Ki__enschlacht	○ s	○ ss
7.	Ti__	○ p	○ pp
8.	H__	○ ai	○ ei
9.	Blumenstrau__	○ ß	○ s
10.	En__spiel	○ t	○ d
11.	Sch__l	○ ah	○ a
12.	hi__efrei	○ tz	○ z
13.	Hel__	○ d	○ t
14.	r__	○ au	○ auh
15.	Em__ehlung	○ pf	○ f
16.	Nu__chokolade	○ ßs	○ sss

Groß oder klein?

Hast du dich manchmal gefragt, warum es im Deutschen kleine und große Buchstaben gibt? Das ***A*** in **A**ffe klingt doch eigentlich genauso wie das ***a*** in W**a**ckelpudding, oder? Stimmt, doch bei der Groß- und Kleinschreibung geht es nicht um Laute, sondern darum, den Inhalt von geschriebenen Texten leichter zu verstehen.

Suche alle Wörter, die groß geschrieben werden!

es war sonntag nacht, und ich wurde von einem geräusch wach. langsam stieg ich aus dem bett und tappte im dunkeln zur tür. da! wieder dieser knall … nach kurzem zögern öffnete ich die tür einen spalt breit und glaubte, etwas großes gesehen zu haben. ein einbrecher? ich musste etwas unternehmen. „verschwinden sie! sonst rufe ich die polizei!", schrie ich laut in den flur. danach war alles still. als ich nachschauen wollte, ob mein drohen erfolgreich war, ging das licht an. vor mir stand ein monster mit grünem gesicht. ich rannte zurück in mein zimmer und versteckte mich unter der noch warmen bettdecke. ich hörte schritte. „es ist also schon in meinem zimmer!", dachte ich. im nächsten moment wurde meine decke weggezogen und … vor mir stand meine mutter, im gesicht ihre gurkenmaske. sie fragte: „guten morgen, mein schatz! hast du gut geschlafen?"

Getrennt oder zusammen?

Sicher kommt dir folgende Situation bekannt vor: Eure Deutschlehrerin diktiert der Klasse einen Text, und du kommst ins Zweifeln. Ist *SITZENBLEIBEN* nun ein Wort oder sind es zwei? Du wirst die Getrennt- und Zusammenschreibung leichter in den Griff kriegen, wenn du im Bereich der Wortarten fit bist. „Komisch!", findest du? Die Erklärung ist einfach: Die Regeln der Getrennt- und Zusammenschreibung stützen sich fast ausschließlich auf die verschiedenen Wortarten. So werden zum Beispiel Verbindungen aus zwei Verben getrennt geschrieben.

Welche Wörter werden getrennt geschrieben?

1. EISGEKÜHLT
2. NACHDENKEN
3. SCHLAFWANDELN
4. FREUDESTRAHLEND
5. SKIFAHREN
6. KENNENLERNEN
7. HELLGELB
8. IRGENDJEMAND
9. LEICHTVERLETZT
10. LEIDTRAGEND
11. AUFSEITEN
12. GESCHENKTBEKOMMEN
13. BRANDNEU
14. AUFSEHENERREGEND
15. KOPFRECHNEN
16. LEBENSFROH
17. SUPERSCHLAU
18. FREISPRECHEN
19. HINAUSSCHIEBEN
20. TANZENGEHEN

Bindestrich – ja oder nein?

Mit Hilfe des Bindestrichs kannst du unübersichtliche Zusammensetzungen gliedern. So trägt auch er zur besseren Lesbarkeit von Wörtern und Texten bei.
Vergleiche: *Lottoannahmestelle* und *Lotto-Annahmestelle*.
In vielen Fällen kannst du selbst entscheiden, ob du einen Bindestrich setzen möchtest oder nicht.

Entscheide: Wo darf der Bindestrich nicht fehlen?

1. 8( )FACH
2. 90ER( )JAHRE
3. FUSSBALL( )WM
4. HAPPY( )END
5. VITAMIN( )C( )HALTIG
6. I( )PUNKT
7. 55( )CENT( )BRIEFMARKE
8. EIN 50( )ER
9. 5( )MINÜTIG
10. DEHNUNGS( )H
11. 100( )%( )IG
12. KOPF( )AN( )KOPF( )RENNEN
13. KFZ( )PAPIERE
14. HOT( )DOG
15. ICH( )ERZÄHLUNG
16. KUSS( )SZENE
17. EIN 10( )TEL

Worttrennung möglich?

Was tust du, wenn du einen Aufsatz schreibst und am Ende einer Zeile feststellst, dass für das letzte Wort nicht mehr genug Platz ist? Na klar, das Wort trennen! Doch aufgepasst: Für die Worttrennung am Zeilenende gibt es eindeutige Regeln.

Weißt du, an welcher Stelle die folgenden Wörter getrennt werden können?

Ungeheuer
Ofen
Kuss
Lesezeichen
letztens
Sicherheitsschloss
Knall
lustig
Schiffe
Überraschungsei

husten
lachen
Computerspiel
rannte
Leiter
Mist
tapfer
Foulelfmeter
Kurzstreckenläufer

Punkt, Punkt, Komma, Strich

Ausrufezeichen oder Punkt? Komma oder kein Komma? Anführungsstriche oben oder unten? Entstehen in deinem Kopf gerade ganz viele Fragezeichen?

Ergänze die fehlenden Satzzeichen!

Es war im Juli Ich war auf dem Weg ins Schwimmbad um mich dort mit meiner besten Freundin Maja zu treffen Als ich am Eingang des Schwimmbades ankam, konnte ich Maja nirgendwo entdecken Sicher wartet sie bereits im Wasser auf mich dachte ich mir und entschied mich kurzerhand hineinzugehen Wenig später saß ich in meinem todschicken Bikini auf der Wiese und beobachtete das wilde Treiben in den Becken Plötzlich sah ich ihn Er stand auf dem 3-Meter-Brett war braungebrannt und eine blonde Haarsträhne fiel ihm lässig ins Gesicht Langsam setzte er zum Sprung an, wirbelte durch die Luft und war im nächsten Augenblick schon wieder verschwunden Obwohl ich angestrengt ins Wasser schaute konnte ich diesen Traumtyp nicht mehr entdecken Wo bist du bloß rätselte ich Suchst du jemand hörte ich eine Stimme fragen Ich drehte mich um Vor mir stand Maja Darf ich dir meinen neuen Freund vorstellen fragte sie grinsend

Super, jetzt hast du alle sechs Tests geschafft! Nun willst du sicher wissen, in welchen Bereichen der Rechtschreibung du schon fit bist und wo es noch nicht so gut läuft. Vergleiche dazu deine Ergebnisse mit den Lösungen auf den Seiten 59 und 60. Wo sind dir die meisten Fehler unterlaufen? Überlege zusätzlich, welche der Aufgaben dir am schwersten gefallen sind. So kannst du am Ende leicht feststellen, wo deine persönlichen Rechtschreibprobleme liegen. Das ist wichtig! Denn nur, wenn du deine Schwierigkeiten kennst, kannst du auch gezielt an ihnen arbeiten.
Wenn du dir bei den Regeln noch nicht sicher bist, dann schau dir Kapitel 4 an. Dort findest du die wichtigsten Rechtschreib- und Zeichensetzungsregeln kurz zusammengefasst.

Zusammenfassung

In diesem Kapitel hast du erfahren,

- **dass Fehler nicht schlimm sind, sondern dass du aus ihnen lernen kannst,**
- **dass du deine falsch geschriebenen Wörter gründlich unter die Lupe nehmen musst, damit du weißt, wo genau deine Probleme liegen,**
- **dass mangelnde Konzentration auch eine Ursache für Rechtschreibfehler sein kann und**
- **in welchen Bereichen der Rechtschreibung du noch Lücken hast und gezielt üben solltest.**

2. Üben wie ein Meister

Wie wichtig ist für dich eine gute Rechtschreibung?

Weißt du, wie du durch richtiges Üben zu einem wahren Meister wirst?

Kennst du das Gießkannenprinzip, und weißt du, warum du es beim Üben vermeiden solltest?

„Wir lernen durch Irren und Fehlen und werden Meister durch Übung."

Christoph Martin Wieland

Emma geht in die 5. Klasse. Dass man durch Übung zum Meister wird, hat sie schon oft gehört. Glauben kann sie das aber nicht so richtig.

Ihre Noten in Deutsch waren immer ganz okay, nur die Rechtschreibung macht ihr schon seit der Grundschule zu schaffen. Aber das ist Emma ziemlich egal. Klar, sie übt manchmal, nämlich dann, wenn ihr Lehrer ein Diktat ankündigt. Dann verbringt sie den ganzen Nachmittag mit dem Pauken von Regeln und Wörtern. Abends, wenn sie schlafen will, raucht ihr der Kopf! Damit ihr Deutschlehrer nicht merkt, dass sie bei einigen Wörtern unsicher ist, hat sie sich eine ziemliche „Sauklaue" angewöhnt.

Heute hat Emma den letzten Aufsatz zurückbekommen. Note 5! Schuld daran sind wieder die vielen Rechtschreibfehler, die sie gemacht hat. Darüber wundert sie sich sehr, denn beim Durchlesen des Aufsatzes am Ende der Stunde hat sie keinen einzigen Fehler entdecken können.

Emma ist verzweifelt und fühlt sich mutlos. Fühlst du dich manchmal ein wenig wie Emma? Dann lass den Kopf nicht hängen, sondern lies dieses Kapitel. Denn hier erhältst du wichtige Tipps und Anregungen, wie du durch gezieltes Üben deine Rechtschreibung verbessern kannst.

Motiviert zur Rechtschreibmeisterschaft

Alles, was für dich wichtig ist oder dich interessiert, wird von deinem Kurzzeitgedächtnis leicht verarbeitet und gut behalten. Deine Rechtschreibung muss dich also interessieren und dir wichtig sein, damit Regeln und richtig geschriebene Wörter in deinem Gedächtnis sicher gespeichert werden. „Unmöglich!", denkst du jetzt? Auf gar keinen Fall! Bevor du loslegst, besorge dir schnell noch Papier und Stift.

Aufgabe

Denk darüber nach, warum es wichtig ist, in der Rechtschreibung fit zu sein! Notiere mindestens drei gute Gründe auf einem Blatt Papier! Wenn du fertig bist, hänge den Zettel in deinem Zimmer auf.

Mögliche Gründe

Eine gute Rechtschreibung …

- ist gut für dein Selbstbewusstsein. Wer in der Rechtschreibung fit ist, muss sich nicht verstecken.
- sorgt nicht nur in Deutsch für gute Noten.
- ist auch im Studium und in den meisten Berufen wichtig.

Die Gründe werden dich daran erinnern, warum es sich lohnt, für eine gute Rechtschreibung zu „kämpfen". Die folgenden Tipps können dir außerdem helfen.

Viele Schüler neigen dazu, nur in Diktaten auf die richtige Schreibweise der Wörter zu achten. Bei ihren Biologie-Hausaufgaben, in Geschichte oder in Briefen und E-Mails an ihre Freunde schreiben sie dann, wie sie gerade Lust haben. So werden viele gute Übungschancen nicht genutzt, und sie machen gerade dann unnötige Fehler, wenn es darauf ankommt. Deshalb:

Achte immer auf deine Rechtschreibung!
So verhinderst du, dass sich dein Gedächtnis falsche Wortbilder einprägt und sich im nächsten Diktat an genau diese erinnert. Bemühst du dich hingegen, immer auf die korrekte Schreibweise der Wörter zu achten, führt das mit der Zeit dazu, dass dein Rechtschreibgedächtnis nicht nur beim Schreiben eines Diktates auf Hochtouren läuft. Es hat gelernt, dass dir die richtige Schreibweise der Wörter wichtig ist und unterstützt dich von nun an mit voller Konzentration.

Nur so verbesserst du dich Schritt für Schritt und wirst schließlich zu einem wahren Rechtschreibmeister.

Die Übungszeit planen

Du hast dich also entschlossen, deine Rechtschreibung durch Üben zu verbessern? Das ist super! Aber achte darauf, dass du deinem Gedächtnis dabei nicht zu viel auf einmal zumutest. Das Intensiv-Training, das Emma nach der verpatzten Deutscharbeit absolviert, verdirbt ihr nicht nur die Freude am Lernen, es ist auch nicht wirklich effektiv. Denn obwohl Emma lange übt, kann sie doch nur wenig von dem Gelernten behalten.

Übe regelmäßig, aber nicht zu viel!

Entscheide dich bewusst für vier Tage in der Woche, an denen du an deiner Rechtschreibung arbeiten willst. Am besten ist es, wenn du solche Tage wählst, an denen du früher aus der Schule kommst oder generell wenig Hausaufgaben hast. An jedem dieser Tage übst du nun 15 bis 20 Minuten.

Lege für jeden Tag die genaue Startzeit fest, wann du mit deinen Übungen beginnen möchtest.

MEIN RECHTSCHREIBÜBUNGSPLAN

MO	DI	MI	DO	FR	SA	SO
15.00 BIS 15.20	14.30 BIS 14.45	X	15.00 BIS 15.15	X	11.00 BIS 11.20	X

Wenn du dich konsequent an deinen Übungsplan hältst, dann sind 15 bis 20 Minuten pro Lerntag völlig ausreichend.

Eins nach dem anderen!

Übst du zu viele verschiedene Regeln und Wörter gleichzeitig, führt das zu einem riesengroßen Durcheinander in deinem Kopf. Im nächsten Diktat kann es dir dann passieren, dass du dich nicht mehr an das Gelernte erinnern kannst oder die unterschiedlichen Regeln miteinander verwechselst.

Beispiel 1: Groß oder klein?

Solltest du zum Beispiel Probleme mit der Groß- und Kleinschreibung haben, dann achte darauf, dass du dich beim Üben zunächst nur mit den Regeln der Großschreibung beschäftigst. Wenn du dich hier sicher fühlst, klappt die Kleinschreibung von ganz alleine. Denn alle Wörter, die nicht groß geschrieben werden, musst du klein schreiben!

Beispiel 2: Die verflixte *s*-Schreibung

Übe zunächst nur Regeln und Wörter mit einfachem *s*. Wenn das gut klappt, übe Regeln und Wörter zur Schreibung mit Doppel-*s*. Nimm dir die Regeln und Wörter mit *ß* erst dann vor, wenn du den Rest sicher beherrschst. Fühlst du dich in allen Bereichen topfit, kannst du zu gemischten Übungen mit *s*, *ss* und *ß* übergehen.

Gezielt üben

Mit dem Trainieren der Rechtschreibung ist es so ähnlich wie im Sport. Denk doch bitte mal an einen Fußballspieler, der keine Elfmeter schießen kann. Lernt er dies, indem er Eckbälle übt? Wohl kaum!
Und du? Wenn du Probleme mit dem Dehnungs-*h* hast, solltest du dich gezielt damit beschäftigen und nicht die Groß- und Kleinschreibung üben.

Vermeide das Gießkannenprinzip!
Eine Gießkanne mit Sprenkelaufsatz versorgt alle Pflanzen gleichmäßig mit Wasser. Einige Pflanzen wachsen prima und haben bald feste Wurzeln, andere bleiben winzig. So ähnlich ist das vermutlich bei dir und der Rechtschreibung. Manche Regeln und Wörter kannst du schon super, andere wollen einfach nicht in deinem Gedächtnis bleiben.
Deshalb: Gehe beim Üben systematisch vor, dann erzielst du garantiert schneller Erfolge! Es ist nicht nötig, immer alles zu üben.
Konzentriere dich beim Üben auf deine Schwächen, und trainiere gezielt das, was du noch nicht so gut kannst. So sparst du Zeit und Kraft! Eine wichtige Voraussetzung dafür ist, dass du deine persönlichen Schwächen ausfindig machst. Sicher hat dir der Test in Kapitel 1 bereits bei der Suche geholfen!

Auf die Schrift achten

Weil Emma bei vielen Wörtern nicht genau weiß, wie sie richtig geschrieben werden, hat sie die besondere „Sauklauen-Technik" entwickelt. Sie hofft, dass ihrem Lehrer so mancher Fehler nicht auffällt oder er im Zweifelsfall beide Augen zudrückt. Sollte dir Emmas Technik bekannt vorkommen, denke kurz über die möglichen Vorteile einer leserlichen Schrift nach, bevor du weiterliest. Na, fällt dir was ein?

Klar! Dein Lehrer wird sich freuen, denn ab heute hat er mehr Spaß daran, deine selbst geschriebenen Texte zu lesen. Früher hat er schon beim Anblick deines Heftes schlechte Laune bekommen!
Und deine Eltern nörgeln nicht mehr: „Och, Leo! Das Geschmiere kann doch kein Mensch lesen! Gib dir doch mal Mühe!" Das müsste dich überzeugen, oder?

Sag ja zur Schönschrift!
Tu es für dich! Schreib auf den Linien und nicht über die Ränder hinaus. Ein ordentliches Schriftbild erleichtert auch dir das Lesen. So macht es dir sicher auch mehr Spaß, deine Texte selbst zu kontrollieren. Auf den nächsten Seiten erfährst du, warum das wichtig ist.

Texte diktieren lassen

Um die eigene Rechtschreibung erfolgreich zu verbessern, ist es notwendig, auch das fehlerfreie Schreiben von Texten regelmäßig zu trainieren. Nur so kannst du sichergehen, dass du die auswendig gelernten Regeln auch anwenden kannst. Die Groß- und Kleinschreibung zum Beispiel lässt sich kaum an einzelnen Wörtern trainieren, denn hier kommt es oft auf den Zusammenhang an, in dem du die Wörter antriffst. Ob man das Wort *ESSEN* groß oder klein schreibt, lässt sich so nicht eindeutig beantworten, oder?!

Schreib regelmäßig Übungsdiktate!

Lass dir einmal in der Woche einen Text diktieren. Am besten ist es, wenn die Wörter, die du im Verlauf der Woche geübt hast, auch in diesem Text vorkommen. In Kapitel 3 erfährst du mehr über verschiedene Übungsdiktate.
Das regelmäßige Schreiben von Texten hat einen weiteren Vorteil: Du trainierst dein Gefühl für Sätze. So vergisst du beim Schreiben von Aufsätzen nicht mehr so oft den Punkt am Satzende, und gleichzeitig übst du, am Satzanfang groß zu beginnen.
Zu Hause kannst du beim Schreiben von Texten ruhig laut und deutlich mitsprechen. Das Mitsprechen hilft dir besonders bei langen Wörtern, keine Buchstaben zu vergessen.

Sich selbst kontrollieren

Fällt es dir schwer, in deinen selbst geschriebenen Texten die Fehler zu finden? Dann geht es dir wie Emma und vielen anderen Schülern auch. Aber kein Grund, den Kopf in den Sand zu stecken. Selbstkontrolle kannst du lernen.

Korrigiere deine Texte erst einmal selbst!

Deine Fehler selbst zu erkennen und zu korrigieren, lernst du, indem du es konsequent tust. Werde wieder zu Detektiv Fehlerfuchs. Lies dir dein Diktat erst einmal selbst durch, und gehe dabei auf Fehlersuche! Im zweiten Durchgang kannst du dann das Original mit deinem Text vergleichen.

Auch hier gilt: Schritt-Tempo

Konzentriere dich auch bei der Fehlersuche zunächst nur auf einen Bereich der Rechtschreibung. Achte also im ersten Kontrolldurchgang beispielsweise nur auf die Groß- und Kleinschreibung, und korrigiere den Rest mit Hilfe des Originaltextes.

Je sicherer du wirst, desto mehr Bereiche der Rechtschreibung kannst du bei deiner Selbstkontrolle abarbeiten. Gelingt dir das noch nicht so gut, bitte deine Mutter, deine Assistentin zu werden. Lass sie deinen Text lesen und leise alle falsch geschriebenen Wörter zählen. Wo sich die Fehler versteckt haben, darf sie dir aber nicht zeigen. Einige wirst du nun sicher selbst finden!

Ein Trick, der manchmal Wunder wirkt

Wenn du deine Geschichten von hinten nach vorne liest, können sich deine Fehler nicht mehr so gut vor dir verstecken. Denn so fällt es dir leichter, dich auf die einzelnen Wörter und nicht so sehr auf den Inhalt zu konzentrieren.

Mit dem Fehlerspürhund an deiner Seite …

ist kein Fehler mehr vor dir sicher. Auch er unterstützt dich bei der Selbstkontrolle, indem er dir hilft, deine Aufmerksamkeit konsequent auf ein Wort nach dem anderen zu richten.

Du kannst den Fehlerspürhund leicht selbst basteln: Zeichne einen Hund auf festes Papier, und schneide ihn aus. Schneide jetzt noch in seinen Bauch ein rechteckiges Loch. Es sollte etwa 1,5 cm hoch und 5 cm lang sein. Natürlich hängt das aber auch von der Größe deiner Schrift ab. Schon ist dein Fehlerspürhund fertig!

Unseren Fehlerspürhund kannst du auch im Internet unter *www.lernteam.de/download/spuerhund.pdf* downloaden.

Lege den Fehlerspürhund beim Kontrollieren auf den Text. Durch das Loch in seinem Bauch kannst du Wort für Wort aufmerksam lesen. Der größte Teil deines Textes ist nun verdeckt und lenkt dich nicht von deiner Fehlersuche ab. So kannst du falsch geschriebene Wörter schneller aufspüren.

Selbstkontrolle mit Walt Disney

Der bekannte und erfolgreiche Walt Disney hatte die Idee, verschiedene Arten von Aufgaben an verschiedenen Arbeitsplätzen zu erledigen. Den Ort, an dem er Ideen für sein Vorhaben sammelte, nannte er den Raum des Träumers. Im Raum des Machers hingegen stand ein Schreibtisch. Dort erledigte er Aufgaben wie Schreiben und Rechnen, also Aufgaben, bei denen er sich gut konzentrieren musste. Zu guter Letzt kontrollierte er seine Arbeit selbst. Wo? Na klar! Im Raum des Kritikers.

Im Raum des Kritikers auf Fehlersuche

Wenn du einen Text auf Fehler überprüfen möchtest, mach es wie Walt Disney. Such dir einen Ort, an dem dich nichts und niemand ablenkt. Du brauchst nur deinen Text, einen Stift und ein Wörterbuch. Von nun an wirst du nur noch an diesem Ort die Spur der Fehler aufnehmen. Dein Gedächtnis wird bald diesen Arbeitsplatz mit der Aufgabe „Fehlersuche" verknüpfen, und ihm wird dort nichts anderes mehr in den Sinn kommen. So kannst du hochkonzentriert mit der Suche starten.

Bei einem Diktat in der Schule kannst du den Raum natürlich nicht wechseln. Aber du kannst deine Körperhaltung verändern. Überlege dir eine besondere „Korrekturhaltung“, und nimm sie ein, wenn es ans Suchen der Fehler geht. Stell dir dabei vor, du bist Lehrer und korrigierst den Text von Johannes.

Schluss mit den Konzentrationskillern!

Stört dich der Straßenlärm? Dann schließe das Fenster! Du musst auf die Toilette? Dann geh! Dein Bruder hört mal wieder zu laut Musik? Bitte ihn, sie leiser zu stellen, solange du arbeitest. Ich bin sicher, dass es dir gelingen wird, deine persönlichen Konzentrationskiller zu besiegen!
Und wie sieht dein Schreibtisch aus? Türmen sich hier CDs und Zeitschriften? Stopp! Hierher gehört nur das, was du zum Üben benötigst: verschiedene Stifte, Papier, dein Regelheft, ein Wörterbuch und deine Lernkartei, außerdem Licht, etwas zu trinken und ausreichend frische Luft.

Mach mal Pause – knabber was!

Du bist geschafft von den kniffligen Mathe-Hausaufgaben? Ruh dich kurz aus, bevor du mit deinem Rechtschreibtraining beginnst. Im Laufe einer Stunde nimmt deine Fähigkeit, sich zu konzentrieren, mehr und mehr ab. Eine 5-minütige Pause reicht garantiert aus, um neue Kräfte zu tanken! Vielleicht hast du Lust auf einen knackigen Apfel? Mit „Brain Food“ hilfst du deinem Gehirn zusätzlich auf die Sprünge.

Top-Tipp: Durchstreichen statt anstreichen

Du hast ein falsch geschriebenes Wort entdeckt? Dann streiche es durch, sodass du es nicht mehr lesen kannst. Wichtig ist, dass du die richtige Schreibweise gut lesbar oberhalb des Fehlers oder am Rand des Blattes notierst. Markierst du nur alle Fehler dick und rot, ohne sie zu berichtigen, „springen" sie dir immer wieder sofort ins Auge. So prägst du dir immer die falsche Schreibweise ein.

Zusammenfassung

Üben allein reicht nicht aus, um die Rechtschreibmeisterschaft zu gewinnen. In diesem Kapitel hast du gelernt, worauf es ankommt.

- **Damit es dir gelingt, immer auf deine Rechtschreibung zu achten, muss sie dir wirklich wichtig sein.**
- **Erstelle dir einen Übungsplan, und halte ihn ein. Wenn du an vier Tagen in der Woche jeweils 15 bis 20 Minuten ganz gezielt an deinen Schwächen arbeitest, werden sich bald erste Erfolge einstellen.**
- **Schreib regelmäßig Übungsdiktate.**
- **Kontrolliere deine Texte immer zuerst selbst. Ein ordentliches Schriftbild und der Fehlerspürhund unterstützen dich dabei.**

- **Arbeite wie Walt Disney. Im Raum des Kritikers findest du falsch geschriebene Wörter mit der Zeit schneller, weil sich dein Gedächtnis hier konzentriert auf Fehlersuche begibt.**

3. Meisterhafte Methoden zum Lernen und Üben

Weißt du, wie du richtig mit einer Rechtschreibkartei arbeitest?

Weißt du, was ein Dosendiktat ist?

Möchtest du wissen, was eine Wortfamilie ist?

„Das Gedächtnis hat so viele Schubladen, dass man überlegen muss, wo was zu suchen ist." Erhard Blanck

Überleg mal! Wahrscheinlich hast du die folgende Situation selbst auch schon erlebt: Du bist in der Schule, und eure Klasse schreibt ein Diktat. Fieberhaft versuchst du, dich an die richtige Schreibweise eines bestimmten Wortes zu erinnern. Du bist dir ganz sicher, dass du eigentlich weißt, wie man es schreibt. Aufgeregt wühlst du in den unzähligen Schubladen deines Gedächtnisses, ohne Erfolg – das Wort bleibt verschwunden. Genau wie dein Lieblings-T-Shirt letzte Woche, das du unbedingt auf der Geburtstagsfeier von Mona tragen wolltest. In den vielen Fächern deines großen Kleiderschranks war es nicht auffindbar.

Halte in den Schubladen deines Langzeitgedächtnisses Ordnung. So verhinderst du, dass du beim Schreiben erst alle Schubladen durchwühlen musst, um die gesuchte Regel oder die richtige Schreibweise eines Wortes zu finden. Wie du das schaffst, erfährst du in diesem Kapitel. Mach dich startklar!

te Methoc

Wiederholen mit der Rechtschreibkartei

Damit du Lernstoff in deinem Langzeitgedächtnis dauerhaft abspeichern kannst, musst du ihn regelmäßig wiederholen. Sehr effektiv ist das Wiederholen von Regeln und Wörtern mit der Rechtschreibkartei. Dazu brauchst du einen Karteikasten mit mindestens fünf Fächern. Du kannst ihn selbst herstellen oder kaufen. Die Karteikarten sollten DIN-A6-Größe haben. Achte darauf, dass sie weder liniert noch kariert, sondern einfach weiß sind. Auf weißen Karten kannst du besser Skizzen zur Veranschaulichung zeichnen.

Die Karteikarten beschriften

Du kannst selbst entscheiden, wie du deine Karten in Zukunft beschriften möchtest – Möglichkeiten gibt es viele. Um den visuellen Lernkanal beim Lernen einzubeziehen, bietet es sich an, auf der Kartenrückseite mit Bildern, Skizzen und Symbolen zu arbeiten. Hier findest du einige Vorschläge:

Vorderseite: Rechtschreibregel
Rückseite: Beispielwörter

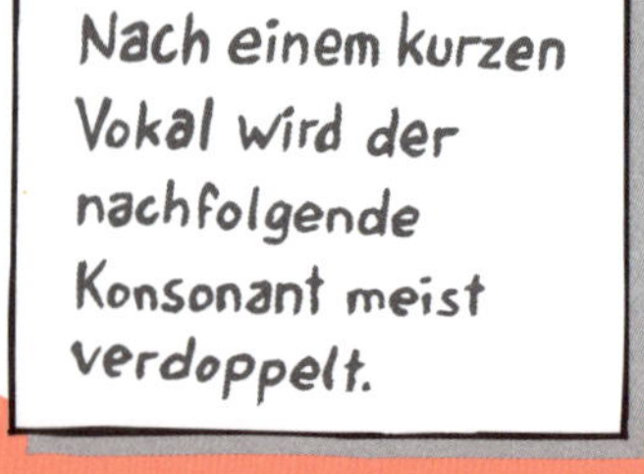

Vorderseite: Wort

Rückseite: Wortfamilie

fahren

BEUGUNG: ich fahre, du fährst, er fährt, wir fahren, ihr fahrt, sie fahren
VERGANGENHEIT: ich fuhr, du fuhrst, er fuhr...
WÖRTER MIT VORSILBEN: anfahren, befahren, verfahren...
NOMEN: Fahrt, Fahrrad, Fahrschein, Fahrbahn
ADJEKTIV: erfahrbar

Vorderseite: Rechtschreibregel

Rückseite: Bild oder Skizze zur Veranschaulichung

Verbindungen aus zwei Verben werden in der Regel getrennt geschrieben.

fahren lassen

Vorderseite: Rechtschreibregel

Rückseite: Erklärung der Regel durch Zeichnung

Bei manchen Wörtern wird der lange Vokal durch Verdoppelung gekennzeichnet.

Es werden nur die Vokale A, E und O verdoppelt.

Haare, Paar, Meer, Schnee, Boot, Zoo

Vorderseite: Aufgabe
Rückseite: Lösung der Aufgabe

Wiederholen im richtigen Rhythmus

1. In das erste Fach kommen die neu gelernten Karten. Lerne pro Tag nicht mehr als sechs bis acht neue Regeln oder Wörter.
2. Bereits am Abend werden die Karten aus Fach 1 wiederholt. Wenn du die Regeln und Wörter noch weißt, wandert die Karte in Fach 2. Wenn du dich nicht mehr richtig an sie erinnerst, bleibt die Karte im ersten Fach.
3. Am nächsten Tag werden die Regeln und Wörter aus Fach 2 wiederholt. Solche, die du kannst, wandern weiter in Fach 3. Regeln und Wörter, die du wieder vergessen hast, müssen zurück ins erste Fach. Du musst sie am nächsten Tag wieder neu lernen.

4. Dein Wissen zu den Karten in Fach 3 überprüfst du nach einer Woche. Richtig erinnerte Regeln und Wörter wandern in Fach 4, die anderen gehen zurück in Fach 1.
5. Nach einem Monat wird Fach 4 wiederholt.
6. Ein halbes Jahr später wiederholst du die Karten aus dem fünften Fach. Regeln, die du dann noch weißt, hast du in deinem Langzeitgedächtnis abgespeichert. Du kannst diese Karten in einem „Meisterschaftskarton" aufbewahren.

Dieser Wiederholrhythmus ist nur ein Beispiel. Ob er für dich günstig ist, musst du selbst ausprobieren.

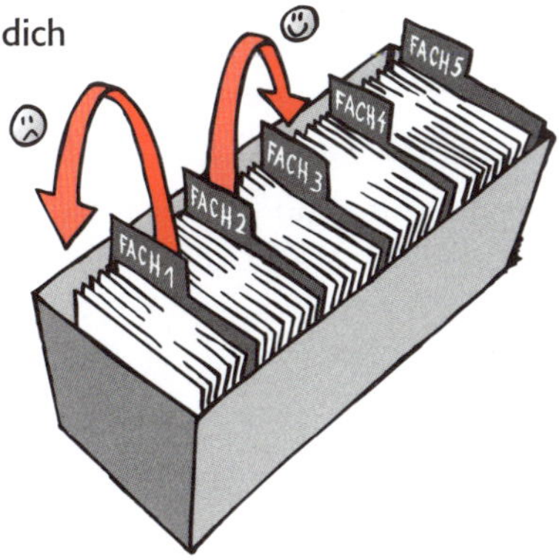

Aufgaben

Entscheide dich für eine Regel, die dir noch schwer fällt. Überlege dir, wie du sie durch ein Bild veranschaulichen kannst.

Finde für eine andere schwierige Regel einen Spruch oder einen Reim, den du dir gut merken kannst.

Diktate einmal anders

Du möchtest dir keine Texte diktieren lassen und auch mal ohne fremde Hilfe üben? Hier erfährst du, wie das geht.

Dosendiktat

Du brauchst eine Dose und einen kopierten Übungstext, den du Satz für Satz auseinander schneidest. Lies den ersten „Satzschnipsel", präge ihn dir ein, und stecke ihn in die Dose. Schreib den Satz aus deiner Erinnerung auf. Nun folgt der zweite Schnipsel, dann der dritte usw. Bist du fertig? Dann überprüfe deinen Text auf Fehler, so wie du es in Kapitel 2 gelernt hast. Hole anschließend die Papierschnipsel aus der Dose und vergleiche sie mit deinem Text.

Laufdiktat

Wenn es dich anstrengt, stillzusitzen und dich nur auf das Schreiben zu konzentrieren, dann ist diese Art von Diktat genau das Richtige für dich. Beim Laufdiktat läufst du von deinem Schreibtisch zur Wand, an der dein Übungstext hängt. Präge dir den ersten Satz ein. Geh dann zurück zum Schreibtisch, und schreibe den Satz auswendig auf. Nun folgt der zweite Satz usw. Die Bewegung kann dir helfen, dich auf das Schreiben zu konzentrieren. Du trainierst zusätzlich deine Merkfähigkeit. Am Ende vergleichst du wieder das Original mit deinem Text.

Mit Wörtern und Regeln spielen

Das Lernen und Behalten von einzelnen Informationen ohne sinnvollen Zusammenhang fällt den meisten Menschen schwer. Aber …

Eselsbrücken machen Sinn

Baue dir deshalb für Regeln und Wörter, die du dir nicht so gut merken kannst, Eselsbrücken. Mit ihrer Hilfe erzeugst du sinnvolle Verknüpfungen, an die du dich auch später leicht erinnern kannst. Eselsbrücken können Reime oder Sprüche, aber auch Bilder in deiner Vorstellung sein.

Beispiel 1: Um dir zu merken, dass man *nämlich* ohne *h* schreibt, eignet sich folgender Reim:
Wer nämlich mit h schreibt, ist dämlich.

Beispiel 2: Damit du nicht vergisst, dass man *gar nicht* getrennt schreibt, kannst du dir diesen Spruch merken:
Gar nicht wird gar nicht zusammengeschrieben.

Beispiel 3: Nach einem langen Vokal folgt häufig ein Dehnungs-*h*. Das *h* steht oft vor den Buchstaben *l*, *m*, *n* und *r*.

Um dir diese Regel besser merken zu können, kannst du dir folgendes Bild vorstellen:

Kennst du Wortfamilien?

Dein Gedächtnis arbeitet immer dann besonders effektiv, wenn es in den zu lernenden Regeln und Wörtern eine Ordnung erkennen kann. Es ist also sinnvoll, schwierige Wörter in Zusammenhang mit ihrer Wortfamilie zu lernen. Aber wer gehört dazu? Alle Wörter, die denselben Wortstamm haben! Sie sind nämlich miteinander verwandt. Die Regel besagt, dass Wörter mit dem gleichen Wortstamm gleich geschrieben werden. Man spricht in diesem Zusammenhang auch vom Stammprinzip.

Den Stamm eines Wortes erhältst du, wenn du von seiner Grundform (Infinitiv) die Endung wegnimmst.

Beispiel: Nimm vom Infinitiv *spielen* die Endung *-en* weg, und du erhältst den Wortstamm *spiel.*

Hier siehst du, welche Wörter zu der Wortfamilie *spielen* gehören könnten:

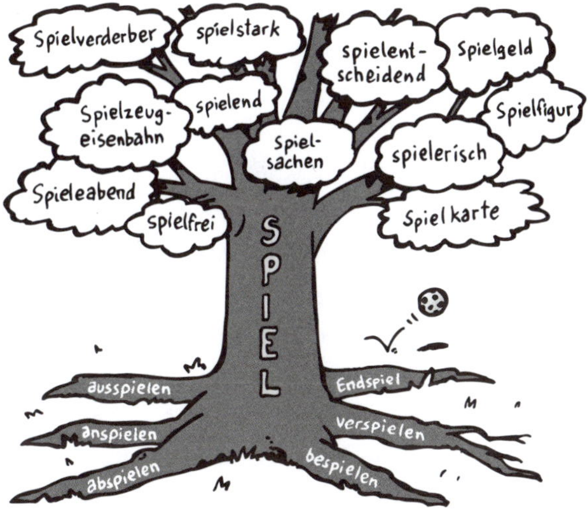

Fällt dir also die Schreibweise eines bestimmten Wortes mal wieder nicht ein, dann versuche, dich an seine Verwandten zu erinnern.

Beispiel 1: Pla**tz**ieren schreibt man mit *tz*, weil es von Pla**tz** abgeleitet wird.
Beispiel 2: Nu**mm**erieren ist mit dem Wort Nu**mm**er verwandt, deshalb schreibt man es mit Doppel-*m*.

Aufgabe

Finde möglichst viele Verwandte des Wortes *blinken*, und schreibe sie auf.

Ohne Stift und Papier

Keine Lust zu schreiben? Kein Problem! Es gibt viele Übungen, die du auch ohne Stift und Papier machen kannst.

Zwei Fliegen mit einer Klappe

Buchstabiere deine Übungswörter. Sprich sie zum Beispiel auf ein Diktiergerät, dann kannst du dich später selbst kontrollieren, indem du dir das Aufgenommene anhörst. Wenn du gerne mit Freunden lernst, veranstaltet doch mal einen Buchstabierwettbewerb. Wer von euch kann die meisten Wörter richtig buchstabieren? Und wer kann das längste Wort richtig buchstabieren? Um den Schwierigkeitsgrad zu erhöhen, könnt ihr euch die Übungswörter auch rückwärts buchstabieren. Neben deiner Rechtschreibung verbesserst du so geichzeitig deine Konzentration.

Computerarbeit

Übungstexte am Computer schreiben? Warum nicht? Wenn es für dich anstrengend ist, sauber auf der Linie und nicht über den Rand zu schreiben, dann übe deine Diktate ruhig hin und wieder am Computer. So kannst du deine volle Aufmerksamkeit auf die richtige Schreibweise der einzelnen Wörter richten. Diese Technik eignet sich besonders für Schüler mit einer „Sauklaue“. Denn am Computer ist Ehrlichkeit sich selbst gegenüber gefragt. Hier kannst du nicht schummeln.

Wörtersuche

Nimm eine deiner alten Zeitschriften, und gehe auf Wörtersuche. Werde wieder zum Detektiv, und suche zum Beispiel nach Wörtern, die nach einem langen Selbstlaut ein *ß* haben. Schneide die gefundenen Beispiele aus, und klebe sie auf. Ein solches „Wörterplakat“ kannst du in deinem Zimmer aufhängen. So hast du die Regel mit Beispielen immer vor Augen und kannst dich in Zukunft besser an sie erinnern.

Zusammenfassung

Sinnvolle Strukturen beim Lernen und regelmäßiges Wiederholen sind wichtig, damit Regeln und Wörter in deinem Langzeitgedächtnis abgespeichert werden können. Mit den folgenden Übungsformen sorgst du dafür, dass dir dein Rechtschreibtraining Spaß macht und Erfolg bringt:

- **Die Rechtschreibkartei eignet sich hervorragend zum Wiederholen.**

- **Knifflige Wörter kannst du dir leichter merken, wenn du sie innerhalb ihrer Wortfamilie lernst. Eselsbrücken können dir helfen, indem sie sinnvolle Zusammenhänge herstellen.**
- **Die Wörtersuche ist eine von verschiedenen Übungen, für die du weder Stift noch Papier brauchst. Sie trainiert neben deiner Rechtschreibung auch deine Konzentration.**

4. Kurzgefasst – die wichtigsten Regeln

Kennst du die sechs Bereiche unserer Rechtschreibung?

Warum ist es wichtig, die Wortarten zu kennen, um die Getrennt- und Zusammenschreibung zu verstehen?

Weißt du, dass du fast perfekt schreiben kannst, wenn du nur die wichtigsten Regeln beherrschst?

Die Entwicklung unserer Rechtschreibung hat mehr als hundert Jahre gedauert und ist auch heute noch nicht abgeschlossen. Gerade in den letzten Jahren wurden viele Regeln immer wieder überarbeitet – mit dem Ziel, die Rechtschreibung zu vereinfachen und damit für alle leichter verständlich zu machen.

Die jahrelange Arbeit hat sich gelohnt: Für einen großen Teil unseres Wortschatzes existiert ein umfangreiches Regelwerk, aus dem du die Schreibweise der meisten Wörter ableiten kannst. Die vielen Regeln werden dabei folgenden sechs Bereichen der Rechtschreibung zugeordnet:

Und nun mach dich bereit: Es folgen die wichtigsten Regeln der Rechtschreibung kurz zusammengefasst.

Die Laut-Buchstaben-Zuordnung

Weil wir weniger Buchstaben als Laute haben, können wir nicht alle Wörter so schreiben, wie wir sie sprechen.

Die Schreibung nach kurzem Selbstlaut

- Steht nach einem kurz gesprochenen Selbstlaut nur ein Mitlaut, wird er in der Regel verdoppelt.
  *schw**imm**en, Kar**ussell**, R**obb**e, B**all**, Fl**uss**, S**upp**e etc.*
- Diese Doppelschreibung bleibt in Wörtern derselben Wortfamilie erhalten.
  *Scha**ff**ner (wegen scha**ff**en)*
- Die Buchstaben ***k*** und ***z*** werden nie verdoppelt, auch dann nicht, wenn sie nach einem kurzen Vokal stehen. Statt ***kk*** schreibst du ***ck***, statt ***zz*** steht ***tz***.
  ***Lück**e, schm**eck**en, D**ack**el, T**atz**e, p**etz**en etc.*
- Nach den Buchstaben ***l***, ***m***, ***n*** und ***r*** stehen nie ***ck*** und ***tz***.
  *Wo**lk**e, Schra**nk**, ta**nz**en, Wi**rk**ung etc.*
- Nach einem Doppellaut (***au***, ***eu***, ***ei***, ***ai***, ***äu***) steht nie ***tz***.
  *Kr**euz**, Schn**auz**e, h**eiz**en etc.*
- Folgen auf einen kurzen Selbstlaut mehrere verschiedene MItlaute, wird keiner der Mitlaute verdoppelt.
  *h**elf**en, K**unst**, H**eft**, L**ist**e, H**eld** etc.*
- Es gibt einsilbige Wörter, in denen der kurze Selbstlaut gar nicht gekennzeichnet wird.
  an, ab, von, weg, bis etc.

Die Schreibung nach langem Selbstlaut

- Nach einem langen Selbstlaut steht oft ein Dehnungs-***h***. Es steht häufig vor den Buchstaben ***l, m, n*** *und* ***r***.
  *Za**hl**, St**uhl**, Ra**hm**en, **ahn**en, fa**hr**en, B**ahn** etc.*
- In vielen Wörtern schreibt man das ***lange i*** als ***ie***.
  *D**ie**b, l**ie**ben, Br**ie**f, v**ie**l, W**ie**se etc.*
- In einigen Wörtern steht für das ***lange i*** ein einfaches ***i***.
  *Term**i**n, Mus**i**k, Krokod**i**l etc.*
- Nur in wenigen Wörtern wird das ***lange i*** als ***ih*** oder ***ieh*** geschrieben.
  ***ih**m, **ih**n, **ih**nen, **ih**r, V**ieh**, w**ieh**ern, z**ieh**en etc.*

Die *s*-Schreibung

- Nach einem kurzen Selbstlaut steht in der Regel ***ss***.
  *K**uss**, f**ass**en, m**uss**, W**iss**en, b**ess**er, Schl**oss** etc.*
- Nach einem langen Selbstlaut oder Doppellaut steht statt des stimmlosen ***s*** in der Regel ***ß***.
  *F**üß**e, Gr**uß**, fl**eiß**ig, schl**ieß**lich, Anst**oß**, Sp**aß** etc.*
- Das stimmhafte ***s*** steht im Wortinneren zwischen zwei Selbstlauten oder zwischen ***l***, ***m***, ***n***, und ***r*** und einem Selbstlaut.
  ***öse**, t**ause**nd, l**ese**n oder A**mse**l, Ku**rse**, I**nse**l etc.*
- ***dass*** ist ein Bindewort zwischen zwei Sätzen.
  *Ich weiß, **dass** ich es schaffe.*
- ***das*** ist ein Begleiter, ein hinweisendes Fürwort oder ein bezügliches Fürwort.
  *Ich mag **das** Buch. **Das** kannst du nicht machen.*

Die Groß- und Kleinschreibung

Um die Groß- und Kleinschreibung sicher zu beherrschen, ist es wichtig, dass du die Wortarten kennst.

Diese Wörter musst du großschreiben:

- Das erste Wort eines selbstständigen Satzes.
  Übung macht den Meister.
- Hauptwörter und Eigennamen.
  Achterbahn, Konrad Duden, der Indische Ozean etc.
- Als Hauptwörter gebrauchte Zeitwörter. Oft kündigen Begleiter, Verhältniswörter oder Fürwörter die Substantivierung an.
  ***das** Tanzen, **beim** Spielen, **dein** Lachen etc.*
- Substantivierte Eigenschaftswörter und Mittelwörter. Vor ihnen stehen oft Wörter wie ***alles, nichts, viel, genug.***
  ***alles** Wichtige, **nichts** Neues, **viel** Spannendes etc.*
- Andere Wortarten, die in die Rolle eines Hauptwortes schlüpfen, wie Umstandswörter, Bindewörter und Verhältniswörter.
  das Wenn und Aber, das Für und Wider etc.
- Das Anredefürwort **Sie** und die dazugehörigen Formen ***Ihre, Ihnen*** etc.
  *Ich wünsche **Ihnen** alles Gute. Man erwartet **Sie**.*
- Die Tageszeiten nach Umstandswörtern.
  ***heute** Morgen, **gestern** Abend etc.*

Diese Wörter werden kleingeschrieben:

- Alle Wörter, die keine Hauptwörter sind.
  lachen, schön, der, du, heute, unter, dass etc.
- Hauptwörter, die in eine andere Wortart gewechselt haben.
  abends, seitens, ein bisschen etc.
- ***angst, bange, leid, schuld, pleite, gram***, wenn sie zusammen mit den Zeitwörtern ***sein*** oder ***werden*** benutzt werden.
  *Er **ist** das Üben **leid**. Sie **sind schuld**. Ich **bin pleite**.*
- Allein stehende Eigenschaftswörter, die sich auf ein vorher oder nachher stehendes Hauptwort beziehen.
  *Den neuen **Trainer** mag ich lieber als den **alten**.*
- Der Superlativ mit ***am***.
  *Dieses Lied ist **am** schönsten.*
- Fürwörter, auch wenn sie in die Rolle eines Hauptwortes schlüpfen.
  *Dieses Buch haben **die** beiden gelesen.*
- ***ein***, ***andere***, ***viel*** und ***wenig***.
  *Die **einen** singen, die **anderen** tanzen.*
- Umstandswörter, die als Zeitangabe verwendet werden.
  ***nachts, vorgestern, übermorgen** etc.*
- Die Anredefürwörter ***du*** und ***ihr*** sowie die weiteren Formen ***dein***, ***euer*** etc.
  *Schreibe die Wörter, die **du** gefunden hast, in **dein** Heft.*
- In Briefen kannst du auch großschreiben.
  *Lieber Flo, ich danke **dir/Dir** für **deine/Deine** Einladung.*

Die Getrennt- und Zusammenschreibung

Auch in diesem Bereich der Rechtschreibung kommt den Wortarten eine wichtige Rolle zu.

Das musst du zusammenschreiben:

- Verbindungen aus einem Zeitwort und einem Eigenschaftswort, wenn durch die Verbindung eine neue Bedeutung entsteht.
  (den Angeklagten) ***freisprechen*, *sichergehen*** *(im Sinne von Gewissheit erlangen) etc.*
- Verbindungen aus Verhältniswort und Zeitwort.
  ausfallen*, *nachdenken*, *überspielen*, *zumachen *etc.*
- Verbindungen aus Hauptwort und Zeitwort, wenn das Hauptwort als „verblasst" angesehen wird.
  eislaufen*, *standhalten*, *teilhaben *etc.*
- Untrennbare Verbindungen aus Hauptwort und Zeitwort.
  bauchreden*, *sonnenbaden*, *kopfrechnen *etc.*
- Verbindungen mit ***irgend***.
  irgend*etwas*, ***irgend****jemand*, ***irgend****wann etc.*

Das wird getrennt geschrieben:

- Verbindungen aus zwei Zeitwörtern.
  laufen lernen, tanzen gehen, schreiben üben *etc.*
- Verbindungen mit dem Zeitwort ***sein***.
  hier ***sein****, fertig* ***sein****, zusammen* ***sein*** *etc.*
- Verbindungen aus einem Mittelwort und einem Zeitwort.
  getrennt schreiben, geschenkt bekommen *etc.*
- Verbindungen aus einem eigenständigen Hauptwort und einem Zeitwort.
  Rad fahren *(ich fahre Rad),* ***Ski laufen*** *(ich laufe Ski) etc.*
- Verbindungen aus den Wörtern ***so***, ***wie***, ***zu*** und einem Eigenschaftswort oder einem Umstandswort.
  so *viel,* ***wie*** *viel,* ***wie*** *viele,* ***zu*** *wenig etc.*

Getrennt oder zusammen? Hier hast du die Wahl!

- Verbindungen mit ***bleiben*** oder ***lassen***.
  stehen ***lassen*** *bzw. stehen****lassen*** *etc.*
- Verbindungen aus Verhältniswort und Hauptwort.
  mithilfe *bzw.* ***mit Hilfe, aufseiten*** *bzw.* ***auf Seiten*** *etc.*
- Verbindungen aus Eigenschaftswort oder Hauptwort plus Mittelwort.
  Abwechslung suchend *bzw.* ***abwechslungsuchend*** *etc.*

Die Schreibung
mit Bindestrich

Mit dem Bindestrich kannst du unübersichtliche Zusammensetzungen gliedern. So trägt auch er zur besseren Lesbarkeit von Texten bei.

Hier muss ein Bindestrich stehen:

- In Verbindungen und Zusammensetzungen mit Einzelbuchstaben, Abkürzungen und Ziffern.
  **i**-Punkt, **Lkw**-Fahrer, **55**-Cent-Briefmarke etc.
- Zwischen aneinandergereihten Hauptwörtern.
  Berg-und-Tal-Bahn, Mund-zu-Mund-Beatmung etc.
- In unübersichtlichen Wortzusammensetzungen.
  das In-die-Wüste-Schicken, zum Aus-der-Haut-Fahren etc.

Hier kannst du einen Bindestrich setzen:

- Bei Verbindungen mit _**-fach**_ oder _**Jahr**_.
  6-**fach** bzw. 6**fach**, die 90**er-Jahre** bzw. die 90**er Jahre**
- Zur Vermeidung von Missverständnissen.
  Musiker-Leben, Musik-Erleben etc.
- Wenn drei gleiche Buchstaben aufeinandertreffen.
  Schi**fff**ahrt bzw. Schi**ff-F**ahrt, T**eee**i bzw. T**ee-Ei** etc.

Die Worttrennung am Zeilenende

Die Regeln der Worttrennung orientieren sich an der gesprochenen Sprache. Das heißt: Getrennt wird häufig nach Sprechsilben. Diese kannst du leichter hören, wenn du das Wort ganz langsam sprichst. Zusätzlich gibt es einige Regeln:

- Einfache Wörter trennst du nach Sprechsilben.
  le-sen, Ku-gel, schwim-men, Bal-kon etc.
- Ein einzelner Mitlaut steht immer in der neuen Zeile.
  *Er-**d**e, träu-**m**en, Se-**g**el, spie-**l**en, Trai-**n**ing etc.*
- Enthält ein Wort mehrere Mitlaute nacheinander, steht immer der letzte auf der neuen Zeile.
  *Ta**s-s**e, ta**n-z**en, Li**p-p**e, sche**n-k**en, pla**t-z**en etc.*
- Zusammengesetzte Wörter trennst du in ihre sinngemäßen Bestandteile oder nach Sprechsilben.
  Mon-tag, Le-se-zei-chen, Haus-auf-ga-ben-heft etc.
- Bei Wörtern mit einer Vorsilbe kannst du diese abtrennen.
  ***aus-**lau-fen, **ver-**fah-ren, **vor-**le-sen, **ent-**fer-nen etc.*

Bloß nicht trennen!

- Einen einzelnen Selbstlaut am Anfang oder am Ende eines Wortes.
  ***a**ber, **o**der, **A**bend, Treu**e**, De**o** etc.*
- Die Buchstabengruppen ***ch***, ***sch*** und ***ck***.
  *tau-**ch**en, schnar-**ch**en, na-**sch**en, We-**ck**er etc.*

Die Zeichensetzung

Satzzeichen gliedern einen Text und machen ihn für den Leser übersichtlich. Außerdem kannst du Satzzeichen benutzen, um beim Schreiben einer Geschichte einzelne Wörter und Aussagen hervorzuheben.

Der Punkt steht nach:

- einem Aussagesatz.
  *Ich werde Rechtschreibmeister**.***
- Ordnungszahlen.
  *im **3.** Stock, in der **6.** Klasse, die **1.** Strophe etc.*
- Abkürzungen, die als Wort gesprochen werden.
  ***Str.** (Straße), **bzw.** (beziehungsweise) etc.*

Das Ausrufezeichen setzt du nach:

- Ausrufen, Aufforderungen, Befehlen, Bitten und Warnungen.
  *Super**!** Komm rein**!** Bitte setz dich**!** Vorsicht, Stufe**!***
- Empfindungswörtern.
  *Pst**!** Pfui**!** Au**!** Puh**!** etc.*

Das Fragezeichen steht nach:

- Fragen.
  Bist du fertig? Wo ist die Rechtschreibkartei?
- Fragewörtern.
  Wo? Was? Wann? Wen? etc.

Ein Komma setzt du:

- nach Aufzählungen, aber nicht vor ***und*** bzw. ***oder***.
  *Krügers haben Katzen**,** Fische**,** Hunde und Flöhe.*
- bei Ergänzungssätzen, die mit ***als***, ***statt***, ***ohne*** und ***um*** eingeleitet werden.
  *Leni trainiert täglich**, um** sich zu verbessern. **Statt** zu schlafen**,** spielen sie lieber Karten.*
- zwischen Hauptsätzen.
  *Philipp spielt Gitarre**,** Max und Dirk singen dazu.*
- zwischen Haupt- und Nebensätzen. Der Nebensatz kann am Anfang, in der Mitte oder am Ende stehen.
  *Wenn es regnet**,** lese ich ein Buch.*
  *Die Nudeln**,** die Papa heute gekocht hat**,** waren lecker.*

Der Doppelpunkt steht vor:

- der wörtlichen Rede.
  *Marco schreit**: „Der Ball ist drin!"***
- Aufzählungen.
  *In den Kuchen gehören**: Eier, Milch, Mehl, Zucker etc.***
- Zusammenfassungen und Folgerungen.
  *Wir halten fest**: Selbstkontrolle kann man lernen.***

Anführungszeichen …

- stehen vor und nach der wörtlichen Rede.
  *Louis fragte: **„Wo ist das Telefon?"***
- können einzelne Wörter oder Buchstaben hervorheben.
  *Das **„i"** in Tiger wird lang gesprochen.*

Zusammenfassung

In diesem Kapitel ging es um die wichtigsten Rechtschreib- und Zeichensetzungsregeln. Leider reicht der Platz an dieser Stelle nicht aus, um wirklich alle Regeln vollständig aufzulisten. Solltest du also eine bestimmte Regel hier nicht finden, nimm dir den Duden oder ein anderes Nachschlagewerk zur Hand.

Wenn du das vierte Kapitel aufmerksam gelesen hast, weißt du inzwischen,

- dass die Schreibweise der meisten Wörter durch Regeln erklärt werden kann,
- dass man nicht alle Wörter so schreiben kann, wie man sie spricht,
- dass es wichtig ist, im Bereich der Wortarten fit zu sein, sowohl um die Regeln der Groß- und Kleinschreibung als auch die der Getrennt- und Zusammenschreibung zu verstehen,
- dass du in vielen Fällen selbst entscheiden kannst, ob du getrennt oder zusammenschreibst,
- wann du einen Bindestrich setzen musst und wann nicht,
- dass du Wörter meist nach Sprechsilben trennen kannst,
- wann du einen Punkt, ein Fragezeichen, ein Ausrufezeichen und einen Doppelpunkt machen musst und
- zwischen welchen Sätzen ein Komma steht.

Lösungen der Testaufgaben

Seite 13:

1. Stängel, 2. Rakete, 3. Tiger, 4. Meer, 5. Träume, 6. Kissenschlacht, 7. Tipp, 8. Hai, 9. Blumenstrauß, 10. Endspiel, 11. Schal, 12. hitzefrei, 13. Held, 14. rau, 15. Empfehlung, 16. Nussschokolade

Seite 14:

Es war Sonntag Nacht, und ich wurde von einem Geräusch wach. Langsam stieg ich aus dem Bett und tappte im Dunkeln zur Tür. Da! Wieder dieser Knall... Nach kurzem Zögern öffnete ich die Tür einen Spalt breit und glaubte, etwas Großes gesehen zu haben. Ein Einbrecher? Ich musste etwas unternehmen. „Verschwinden Sie! Sonst rufe ich die Polizei!", schrie ich laut in den Flur. Danach war alles still. Als ich nachschauen wollte, ob mein Drohen erfolgreich war, ging das Licht an. Vor mir stand ein Monster mit grünem Gesicht. Ich rannte zurück in mein Zimmer und versteckte mich unter der noch warmen Bettdecke. Ich hörte Schritte. „Es ist also schon in meinem Zimmer!", dachte ich. Im nächsten Moment wurde meine Decke weggezogen und... Vor mir stand meine Mutter, im Gesicht ihre Gurkenmaske. Sie fragte: „Guten Morgen, mein Schatz! Hast du gut geschlafen?"

Seite 15:

Hier *musst* du trennen: Ski fahren (5), geschenkt bekommen (12), tanzen gehen (20).

Diese Wörter *kannst* du trennen: kennen lernen (6), leicht verletzt (9), auf Seiten (11), Aufsehen erregend (14), frei sprechen (18).

Seite 16:

Fußball-WM, Vitamin-C-haltig, i-Punkt, 55-Cent-Briefmarke, 5-minütig, Dehnungs-h, Kopf-an-Kopf-Rennen, Kfz-Papiere, Ich-Erzählung

Seite 17:

Un-ge-heu-er, hus-ten, Ofen, la-chen, Kuss, Com-pu-ter-spiel, Le-se-zei-chen, rann-te, letz-tens, Lei-ter, Sich-er-heits-schloss, Mist, Knall, tap-fer, lus-tig, Foul-elf-me-ter, Schif-fe, Kurz-stre-cken-läu-fer, Über-ra-schungs-ei

Seite 18:

Es war im Juli. Ich war auf dem Weg ins Schwimmbad, um mich dort mit meiner besten Freundin Maja zu treffen. Als ich am Eingang des Schwimmbades ankam, konnte ich Maja nirgendwo entdecken. „Sicher wartet sie bereits im Wasser auf mich", dachte ich mir und entschied mich kurzerhand hineinzugehen. Wenig später saß ich in meinem todschicken Bikini auf der Wiese und beobachtete das wilde Treiben in den Becken. Plötzlich sah ich ihn. Er stand auf dem 3-Meter-Brett, war braungebrannt, und eine blonde Haarsträhne fiel ihm lässig ins Gesicht. Langsam setzte er zum Sprung an, wirbelte durch die Luft und war im nächsten Augenblick schon wieder verschwunden. Obwohl ich angestrengt ins Wasser schaute, konnte ich diesen Traumtyp nicht mehr entdecken. „Wo bist du bloß?", rätselte ich. „Suchst du jemand?", hörte ich eine Stimme fragen. Ich drehte mich um. Vor mir stand Maja. „Darf ich dir meinen neuen Freund vorstellen?" fragte sie grinsend.

Empfehlenswerte Bücher

und Internetseiten

Duden. Die deutsche Rechtschreibung.
24. Auflage
Mannheim: Dudenverlag 2006

Gemmer, Björn:
Konzentration – fit in 30 Minuten
Offenbach: GABAL Verlag 2001

Konnertz, Dirk & Sauer, Christiane:
Lernspaß – fit in 30 Minuten
Offenbach: GABAL Verlag 2000

Konnertz, Dirk & Sauer, Christiane:
Power-Gedächtnis – fit in 30 Minuten
Offenbach: GABAL Verlag 2000

Stein, Arndt:
Das Rechtschreibspiel. Fehler verstehen und beseitigen.
5. Auflage
München: Kösel 2004

www.duden.de
www.neue-rechtschreibung.de

Stichwortregister

Kennst du schon die anderen Bücher aus der Reihe „Kids auf der Überholspur"?

Dirk Konnertz, Christiane Sauer
Entspannen – fit in 30 Minuten

Ulrich Strunz, Dirk Konnertz
Fitness – fit in 30 Minuten

Dirk Konnertz, Dirk Jennemann
Flirten – fit in 30 Minuten

Zuzanna Schubert
Gutes Benehmen – fit in 30 Minuten

Björn Gemmer, Christiane Konnertz
Hausaufgaben – fit in 30 Minuten

Sebastian Sauer
Internet – fit in 30 Minuten

Dirk Konnertz, Christiane Konnertz
Klassenarbeiten – fit in 30 Minuten

Björn Gemmer, Christiane Sauer
Konflikte lösen – fit in 30 Minuten

Björn Gemmer
Konzentration – fit in 30 Minuten

Björn Gemmer
Kreativität – fit in 30 Minuten

Dirk Konnertz, Christiane Sauer
Lernspaß – fit in 30 Minuten

B. Gemmer, D. Konnertz, C. Sauer
Mind Mapping – fit in 30 Minuten

R. K. Sprenger, C. Sauer
Motivation – fit in 30 Minuten

Christiane Sauer, Dirk Konnertz
Power-Gedächtnis – fit in 30 Minuten

Christiane Sauer
Reden und präsentieren – fit in 30 Minuten

Uli Kißling, Dirk Konnertz
Schneller rechnen – fit in 30 Minuten

Barbara Hipp
Selbstbewusstsein – fit in 30 Minuten

Barbara Hipp
Stressbewältigung – fit in 30 Minuten

Dirk Konnertz, Christiane Sauer
Überzeugen – fit in 30 Minuten

Thoai van Pham
Vokabeln lernen – fit in 30 Minuten

Lothar J. Seiwert, Dirk Konnertz
Zeitmanagement für Kids – fit in 30 Minuten

Dirk Konnertz, Hubert Schwarz
Ziele erreichen – fit in 30 Minuten

GABAL

GABAL Verlag · Schumannstraße 155 · 63069 Offenbach
Tel: (0 69) 83 00 66 - 0 · Fax: (0 69) 83 00 66 - 66
www.gabal-verlag.de · www.gabal-shop.de
E-Mail: info@gabal-verlag.de